SOUS LES YEUX DU SPHINX

Cornelsen

**Faim d'Histoire – Sous les yeux du sphinx**

im Auftrag des Verlages erarbeitet von
Doris Ertel-Zellner und Reinhold Zellner, München
Zeichnungen von Bernd Kissel, Überherrn-Berus

und der Redaktion Fremdsprachen in der Schule
Corinna Martin-Werner (Redaktion)
Nadja Hantschel (Bildredaktion)

Weitere Mitarbeit: Anouk Pouliquen, Montpellier

Umschlaggestaltung: Ulrike Kuhr, Cornelsen Design, Berlin
Layout und technische Umsetzung: Rotraud Biem, Berlin

### Bildquellen

© akg-images, S. 22 links, S. 23 oben rechts, S. 23 oben links, S. 21 oben rechts, S. 21 unten Mitte – © akg-images / Erich Lessing, S. 21 oben links – © akg-images / North Wind Picture Archives, S. 21 unten links – © Cornelsen, Zellner, S. 23 unten links – public domain, S. 20, S. 21 unten rechts – © shutterstock / Kai Hecker, S. 23 unten rechts.

Arbeitsblätter zu jedem Comic und weitere Infos zur Reihe finden Sie unter
**www.cornelsen.de/faim_dhistoire**

**www.cornelsen.de**

1. Auflage, 2. Druck 2023

Alle Drucke dieser Ausgabe sind inhaltlich unverändert
und können im Unterricht nebeneinander verwendet werden.

© 2011 Cornelsen Verlag, Berlin
© 2022 Cornelsen Verlag GmbH, Berlin

Druck: Esser printSolutions GmbH, Bretten

ISBN: 978-3-06-520102-5

PEFC zertifiziert
Dieses Produkt stammt aus nachhaltig
bewirtschafteten Wäldern und kontrollierten
Quellen.
www.pefc.de
PEFC/04-31-2851

Dans un des meilleurs restaurants de Paris.

Il me faut encore ...

... des oignons,

... du sel

... et du poivre.

Ahhhh, qu'elle est délicieuse, cette soupe!

SLURP

Il manque juste deux ou trois jaunes d'œufs ...

J'arrive!!!

SQUIIIIIIIIIIII...

BLAM!

Mais qu'est-ce que tu as fait?!

Dans notre famille, on est cuisinier de père en fils depuis la nuit des temps. Mais avec ce bon à rien de fils ...

À ce qu'on dit, un de nos arrière-grands-pères était chef-cuisinier du grand Napoléon ...

Près des pyramides.

Nous sommes le 20 juillet 1798.

Mince!

Comme dessert pour le général Bonaparte, il va y avoir ce soir ...

... des dattes aux œufs frais???

Bon sang!

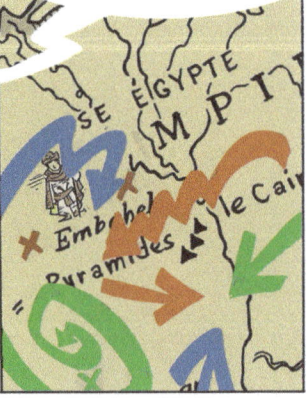

Je vais mettre au point mon propre plan de bataille ...!

À savoir: sur place et seul!

C'est bien trop risqué!

Tu vas te mettre à genoux, sale bête! Qu'est-ce que je hais ce désert et cette chaleur!

Toi, viens avec moi!

Là-bas, en plein désert, il fait une chaleur d'enfer, il me faut de l'eau!

SKORR

Un peu plus tard.

Entretemps, dans le camp des Français.

Je n'ai toujours pas de dessert pour le général Bonaparte!

Il faut que ce soit quelque chose d'exceptionnel!

... Riz au lait à l'égyptienne!

Du haut de ces monuments, quarante siècles nous contemplent!*

Ça, c'était MA phrase!!!

Monte ça, et un peu plus vite que tout à l'heure!

* voir p. 22

Génial!

Passe-moi la longue-vue!

CLAQUE

Tiens, tiens!?

Voilà donc la cavalerie des Mamelouks!

Et c'est là que tu caches ton artillerie, Mourad Bey!

Mais tu vas bientôt savoir qui je suis ...

Regardez! Là-bas!

Ils nous ont vus, mon Général!

Donne-moi la longue-vue!

CLAQUE

À quoi reconnaît-on le chef de l'armée française?

Il a un très grand chapeau gris, posé de travers sur la tête.

Alors, la chance est avec nous!

Vite!

13

Pendant ce temps dans la maison voisine.

Sans paroles.

Peu après.

Hue!

C'est le meilleur riz à l'égyptienne jamais réalisé ...

... un pur chef-d'œuvre!

Haaaaalte!

... avec Napoléon à leur tête!

Aux armes!

Allez chercher vos chevaux!

Mais on n'arrête pas Napoléon. Le soir-même, il a pris le village, libéré son chamelier, vaincu l'armée des Mamelouks et mis en fuite Mourad Bey.

Mais il a encore un problème ...

Mon cher ami, cette histoire ne doit pas entrer dans l'Histoire ...

Ton silence mérite une récompense. Je connais un restaurant à acheter dans l'un des plus chics quartiers de Paris ...

Ouverture prochaine
Cuisine traditionnelle

Au Sphinx

Ouverture prochaine
Spécialités égyptiennes

# *Annexe*

## La vie de Napoléon Bonaparte

Le général Bonaparte

*Papa, c'est vrai que les îles ont joué un grand rôle dans la vie de Napoléon?*

Oui. Napoléon est né en **Corse** en 1769. Il devient général, consul et à la fin même empereur des Français.
5 Mais en 1814, il doit abdiquer, et est exilé à **l'île d'Elbe**. Il réussit à s'évader et à reprendre le pouvoir en France. Mais après la fameuse défaite de **Waterloo**, on le force à abdiquer à nouveau: les Anglais, ses plus grands ennemis, le retiennent à **Sainte-Hélène**, une île dans
10 l'Atlantique à 1900 km du continent africain. Il y meurt en 1821 à l'âge de 52 ans.

*Napoléon I^er était empereur de France. Mais il n'est pas issu d'une des grandes dynasties françaises …*

Non. Napoléon est fils d'une famille de treize enfants,
15 son père appartient à la petite noblesse corse. En 1779, Napoléon entre à l'école militaire, c'est un élève très studieux qui devient lieutenant d'artillerie dès l'âge de 16 ans.

*Comment est-ce qu'il a pu faire une si brillante carrière?*

20 Ben, c'est grâce à la Révolution. Elle a aboli tous les privilèges et ouvre les portes à ce jeune officier. À cette époque, la France a beaucoup d'ennemis: les rois d'Europe qui ont peur des idées révolutionnaires françaises se sont alliés contre la jeune Répu-
25 blique. Après ses premières victoires militaires, Napoléon devient général en 1793; avec la victoire sur les armées italo-autrichiennes et **la campagne d'Égypte** en 1798, c'est un héros national.

*Ça veut dire qu'il a fait beaucoup de guerres?*

30 Ah oui. En 1803, la guerre reprend et elle dure douze ans. Napoléon bat l'Autriche et la Russie, puis il envahit la Prusse et, dès 1811, il est maître de l'Europe continentale: la France s'étend maintenant de Hambourg à Rome. Mais l'empereur n'arrive pas à vaincre
35 l'Angleterre …

*Mais il n'était pas seulement soldat, c'était aussi un grand politicien, non?*

Bien sûr. En 1799, il prend la tête de la République française et lui donne une nouvelle constitution.
40 Après les troubles de la Révolution, Napoléon rétablit l'ordre: il introduit **le Code civil** (ou «Code Napoléon»), met en place une monnaie stable, modernise l'administration, développe l'enseignement public … C'est lui qui a créé les lycées. Il redonne aussi au pays
45 la paix religieuse.
Mais il devient de plus en plus tyrannique, un dictateur qui ne laisse plus aucune liberté à ses sujets: il met tous ses opposants en prison.

*En 1804, à l'âge de 35 ans seulement, il se fait même
50 sacrer empereur des Français, c'est ça?*

Oui. Tout comme le grand Charlemagne 1000 ans plus tôt, Napoléon se fait sacrer empereur par le pape lui-même. La cour de Napoléon I^er est aussi splendide que celle de Louis XIV. Napoléon nomme
55 ses frères et sœurs «princes français» et les place sur divers trônes d'Europe. Il divorce de sa première

Le sacre de Napoléon

Napoléon Ier, empereur des Français

épouse **Joséphine** pour se marier avec une «vraie» princesse: la fille de l'empereur autrichien, **Marie-Louise**. Les temps de la Révolution sont bien loin.

60 *Et pourtant il doit abdiquer ...*

Après ses nombreuses victoires militaires, l'ambition de Napoléon n'a plus de limites. C'est alors qu'il commence à faire des fautes: **La campagne de Russie**, en 1812, tourne à la catastrophe, ses anciens enne-65 mis, l'Autriche, la Prusse, la Russie et l'Angleterre, s'allient contre lui et réussissent à prendre Paris. En 1814, Napoléon est vaincu et exilé à **l'île d'Elbe**. Il réussit à reprendre le pouvoir pendant cent jours, mais il a toute l'Europe contre lui: la défaite de **Waterloo** en 70 1815 est totale. Cette fois, les Anglais l'emprisonnent sur **l'île de Sainte-Hélène**, en plein océan Atlantique. Après sa mort, son corps est ramené en France, il repose dans un sarcophage aux Invalides, à Paris.

La campagne de Russie

Napoléon à Sainte-Hélène

Le tombeau de Napoléon

**4** l'empereur *m.* | der Kaiser ▪ **5** abdiquer abdanken ▪ l'île *f.* | die Insel ▪ **6** s'évader | (ent-)fliehen ▪ **reprendre le pouvoir** | die Macht wiedererlangen ▪ **7 la défaite** | die Niederlage ▪ **9** l'ennemi *m.* | der Feind ▪ **retenir** | gefangen halten ▪ **13** être issu/e de | stammen aus ▪ **15 la noblesse** | der Adel ▪ **17 studieux/-euse** | fleißig ▪ dès (l'âge) | schon (im Alter) ▪ **20 abolir** | abschaffen ▪ **24 s'allier contre** | sich verbünden gegen ▪ **27 la campagne** | der Feldzug ▪ **31 battre** | schlagen ▪ **32 envahir** | einfallen in ▪ **la Prusse** | Preußen ▪ **le maître** | der Herr ▪ **33 s'étendre** | sich erstrecken ▪ **34 vaincre** | besiegen ▪ **39 la constitution** | die Verfassung ▪ **40 rétablir l'ordre** | die Ordnung wiederherstellen ▪ **41 le Code civil** | das Bürgerliche Gesetzbuch ▪ **42 la monnaie** | die Währung, das Geld ▪ **43 l'enseignement** *m.* **public** | das staatliche Schulwesen ▪ **45 la paix** | der Frieden ▪ **47 le sujet** | der Untertan ▪ **48 l'opposant** *m.* | der Gegner ▪ **49 se faire sacrer** | sich krönen lassen ▪ **51 Charlemagne** | Karl der Große (742–814) ▪ **53 le pape** | der Papst ▪ **56 divorcer de** | sich scheiden lassen von ▪ **57 l'épouse** *f.* | die Ehefrau ▪ **64 ancien/ne** | ehemalig ▪ **70 emprisonner** | einsperren ▪ **73 reposer** | ruhen ▪ **les Invalides** | der Invalidendom (in Paris) ▪ *photo 5, p. 21* **le tombeau** | das Grab

# Napoléon en Égypte

### 1  La campagne d'Égypte

Après ses victoires sur les armées autrichiennes, le jeune général Bonaparte veut attaquer l'autre grand ennemi de la France: l'Angleterre. Mais il est impossible d'envahir ce pays, la flotte anglaise est beaucoup trop forte. Bonaparte a alors l'idée de conquérir l'Égypte et de bloquer ainsi la route vers les Indes, cette
5 colonie anglaise dont l'Europe convoite les richesses: la soie, le thé, les épices …

### 2  Un pays peu accueillant

En 1798, Napoléon arrive en Égypte avec une armée de
38 000 soldats et 154 jeunes savants et artistes – ingénieurs,
médecins, botanistes, archéologues, peintres. Tous veulent
10 explorer ce monde exotique qui fascine beaucoup les Français. Mais pour les soldats, ce pays n'est pas très accueillant:
ils sont confrontés à un soleil sans pitié, ils souffrent de la
faim et de la soif et doivent lutter contre **les Mamelouks** qui
gouvernent le pays au nom du sultan turc.

15 ### 3  La bataille des pyramides

Le 21 juillet 1798, **Mourad Bey**, un des grands chefs des Mamelouks,
attend Napoléon près des pyramides, avec son armée de plus de
40 000 hommes. Les soldats français sont épuisés après leur longue
marche dans le désert. Napoléon doit leur donner du courage – c'est à
20 ce moment qu'il lance son fameux appel: «Soldats! ( … ) Songez que du
haut de ces monuments, quarante siècles vous contemplent.» En
quelques heures, l'armée de Mourad Bey sera écrasée, 30 000 soldats
mamelouks trouveront la mort – tandis que Napoléon ne perdra
qu'une trentaine de ses hommes.

25 ### 4  L'empire des pharaons

Mais ce sera la seule grande victoire de Napoléon en Égypte. Son expédition tournera bientôt au désastre militaire – mais sera un succès dans le domaine scientifique. Les savants français restent encore longtemps dans le pays, ils étudient la végétation, l'art et surtout l'histoire de l'Égypte: la campagne de Napoléon est le début de l'égyptologie qui révélera peu à peu le mystère de l'antique civilisation des
30 grands pharaons.

### 5  La pierre de Rosette

La découverte de la pierre de Rosette par l'armée de Bonaparte permettra pour la première fois de déchiffrer les hiéroglyphes. Le texte qu'on trouve sur cette pierre est écrit en trois systèmes d'écriture. Mais le déchiffrage est très compliqué. Ce n'est que 20 ans plus tard que **Jean-François Champollion** réussira à «lire»
35 les hiéroglyphes. Aujourd'hui, cette pierre est exposée au **British Museum** à Londres.

# Images d'Égypte

## Au 19e siècle

Ces dessins montrent l'Égypte telle qu'elle s'est présentée en 1838 au peintre anglais David
40 Roberts – 40 ans après la campagne d'Égypte de Napoléon.

## Aujourd'hui

Aujourd'hui, il n'y a qu'un seul obélisque au temple de
45 **Louxor**. Mohammed Ali, le vice-roi d'Égypte, a fait cadeau du deuxième obélisque à la France en 1830.

Le deuxième obélisque de
50 Louxor se trouve aujourd'hui au centre de **la place de la Concorde,** à Paris.

---

**1 la campagne** | der Feldzug ▪ **3 envahir** | einfallen in ▪ **4 conquérir** | erobern ▪ **5 convoiter les richesses** | die Reichtümer begehren ▪ **la soie** | die Seide ▪ **les épices** *f. pl.* | die Gewürze ▪ **6 accueillant** | gastlich ▪ **8 le savant** | der Gelehrte ▪ **9 le peintre** | der Maler ▪ **12 sans pitié** | mitleidlos ▪ **souffrir de** | leiden unter ▪ **13 les Mamelouks** *m. pl.* | die Mamelucken *urspr. Sklaven-Soldaten aus der Türkei, übernahmen 1250 die Macht in Ägypten* ▪ **15 la bataille** | die Schlacht ▪ **18 épuisé/e** | erschöpft ▪ **20 lancer un appel** | eine Ansprache halten ▪ **songer** | denken an ▪ **21 le siècle** | das Jahrhundert ▪ **contempler** | betrachten ▪ **22 être écrasé/e** | vernichtet werden ▪ **23 tandis que** | wohingegen ▪ **24 une trentaine** | ungefähr dreißig ▪ **25 l'empire** *m.* | das Reich ▪ **26 tourner au désastre** | zur Katastrophe werden ▪ **27 dans le domaine scientifique** | auf wissenschaftlichem Gebiet ▪ **29 révéler** | enthüllen ▪ **31 la pierre** | der Stein ▪ **32 la découverte** | die Entdeckung ▪ **déchiffrer** | entziffern ▪ **33 l'écriture** *f.* | die Schrift ▪ **38 tel/le que** | so wie

# Vocabulaire

**A**

**à genoux** | auf die Knie
**l'aile gauche** *f.* | der linke Flügel
**à l'aube** | im Morgengrauen
**à l'égyptienne** | auf ägyptische Art
**amener qn** | jdn (her-)bringen
**arrêter** | aufhören; aufhalten
**à savoir** | nämlich
**l'assaut** *m.* | der Angriff
**Aux armes!** | An die Waffen!
**avancer** | vorwärts gehen

**B**

**la bataille** | die Schlacht
**se battre contre** | sich schlagen/kämpfen mit
**le bon à rien** | der Nichtsnutz
**Bon sang!** | Verflucht!

**C**

**le camp** | das Lager
**le cauchemar** | der Alptraum
**la chaleur (d'enfer)** | die (Höllen-)Hitze
**le chameau** | das Kamel
**le chamelier** | der Kameltreiber
**le chef-d'œuvre** | das Meisterwerk
**conduire qn** | jdn führen
**contempler qn** | jdn betrachten
**contourner** | umgehen, herumgehen um
**cousu de fil blanc** | durchsichtig
**le cuisinier** | der Koch

**D**

**la datte** | die Dattel
**Décampons!** | Lass uns abhauen!
**se décider** | sich entschließen
**la demeure** | die Wohnstätte
**depuis la nuit des temps** | seit grauer Vorzeit
**le désert** | die Wüste
**dissimuler** | verbergen, verschleiern
**faire diversion** | ein Ablenkungsmanöver durchführen
**le doute** | der Zweifel

**E**

**l'ennemi** *m.* | der Feind
**en plein désert** | mitten in der Wüste
**En selle!** | In den Sattel!; Auf die Pferde!
**espèce de manteau en poil de chameau somnambule** | du schlafwandelnder Kamelhaarmantel
**l'espion** *m.* | der Spion
**évidemment** | klar
**exceptionnel/le** | außergewöhnlich

**F**

**mettre en fuite** | in die Flucht schlagen

**H**

**haïr; je hais** | hassen; ich hasse

**J**

**le jour J** | der Tag X (der Tag der Entscheidung)

**L**

**libérer qn** | jdn befreien
**la longue-vue** | das Fernrohr
**lors du dernier assaut de nuit** | beim letzten nächtlichen Angriff

**M**

**les Mamelouks** *m. pl.* | die Mamelucken
**mériter qc** | etw. verdienen
**Mince!** | Verflixt!

**O**

**l'oignon** *m.* | die Zwiebel
**ouverture prochaine** | Neueröffnung demnächst

**P**

**avoir la pêche** | gut drauf sein
**se perdre** | sich verirren
**mettre au point** | ausarbeiten
**le poivre** | der Pfeffer
**poser de travers** | quer aufsetzen
**prendre (l'ennemi) à revers** | (dem Feind) in den Rücken fallen
**le prisonnier** | der Gefangene
**proposer qc** | etw. vorschlagen
**la proposition** | der Vorschlag

**R**

**ramener qn** | jdn zurückbringen
**la récompense** | die Belohnung
**reconnaître qn** | jdn erkennen
**se retirer** | sich zurückziehen
**(être) de retour** | zurück (sein)
**le riz au lait** | der Milchreis

**S**

**Sale bête!** | Drecksvieh!
**sauf que** | außer dass
**sauver qc/qn** | etw./jdn retten
**(qc) semble tout droit sorti de** | (etw.) scheint direkt zu kommen aus
**le siècle** | das Jahrhundert
**sur place** | vor Ort

**T**

**tandis que** | während
**tenir qn** | jdn (fest-)halten, (gefangen) halten
**tout à l'heure** | eben gerade

**V**

**vaincre qn; il a vaincu** | jdn besiegen; er hat besiegt
**le vœu** | der Wunsch